Alma Resiliente.

Guiada por Dios y la Esperanza

Autor. Gloria Badilla Araya.

© Copyright by Gloria Badilla Araya.
ISBN. 9798339775621

Alma Resiliente

Por Gloria Badilla

PROLOGO

Cuando decidí escribir este prólogo muchas ideas pasaron por mi mente, pero en especial

tenía una pregunta. ¿Cómo describir en pocas líneas la vida de una mujer ejemplar y luchadora?

Sin duda alguna mis ideas se quedaron cortas. Una historia de vida digna de ser plasmada en un

libro. Luchas, sufrimiento y lágrimas fueron su compañía durante noches de soledad. La escasez

muchas veces tocó la puerta, pero su inquebrantable deseo de superación siempre estuvo ahí.

Una de las tantas enseñanzas de mi madre fue SIEMPRE ESPERAR EN DIOS. Su fe es algo que

siempre la ha caracterizado y es ahí donde radica la fuerza de voluntad que posee. Amigo lector

le invito a leer este libro en el cual encontrará inspiración a través de una hermosa historia de

superación llena de fe, lucha y amor al prójimo. Una historia que solo puede ser contada por una

MUJER VALIENTE.

Julio Cesar Barahona B

Dedicatoria

A Marcelo,

Mi amado esposo, por ser mi apoyo incondicional y la luz en mi camino.

Tu amor y fortaleza me han inspirado a ser la mejor versión de mí misma.

A tu lado, he encontrado el valor para enfrentar mis miedos y la determinación para seguir adelante, incluso en los momentos más difíciles.

Gracias por creer en mí cuando yo misma dudaba, por tus palabras de aliento y por cada gesto de cariño que me has sostenido.

Este libro es un reflejo de nuestra travesía juntos, de los retos superados y de los sueños compartidos.

Con todo mi amor y gratitud,

Gloria.

Índice

Capítulo 1: Raíces de una niñez resiliente..................................12

Capítulo 2: Adolescencia en la Sombra de la Incertidumbre 16

Capítulo 3: Juventud entre plantaciones y Desarraigo...................... 21

Capítulo 4: El Refugio en la Maternidad..25

Capítulo 5: La Prueba de la Resiliencia..26

Capítulo 6: La Calma Antes de la Tormenta.................................. 32

Capítulo 7: La Revelación Inesperada..36

Capítulo 8: Perdon y Reconciliacion 42

Capítulo 9: Nuevos Comienzos y Bendiciones................................46

Descripción

En un mundo lleno de desafíos, el alma resiliente encuentra en la fe y la esperanza su mayor fortaleza. Desde una edad temprana, he aprendido que la resiliencia no solo se trata de resistir, sino de transformar cada obstáculo en una oportunidad para crecer. La esperanza, alimentada por la fe en Dios, ha sido la luz que guía cada uno de mis pasos, recordándome que no estoy sola en este viaje.

La resiliencia me ha enseñado que, aunque el camino sea arduo y lleno de incertidumbres, la esperanza siempre puede renacer, incluso en los momentos más oscuros. Guiada por Dios, he encontrado la fuerza para levantarme una y otra vez, para enfrentar cada desafío con un corazón lleno de esperanza. Esta combinación de fe y resiliencia ha sido el motor que me impulsa a seguir adelante, sin importar cuántas veces la vida intenta derribarme.

A través de estas páginas, deseo compartir cómo la resiliencia y la esperanza han moldeado mi vida. Cada experiencia, cada caída y cada victoria han sido lecciones de cómo mantener la esperanza viva y cómo la guía de Dios puede transformar el dolor en resiliencia. Espero que mi historia inspire a otros a descubrir su propia fuerza resiliente y a nunca perder la esperanza, sin importar las circunstancias.

Capítulo 1: Raíces de una Niñez Resiliente

Corría el año 1967, y aunque mis ojos apenas comenzaban a descubrir el mundo, mi corazón ya se encontraba enfrentando las primeras pruebas de la vida. Nací en un hogar marcado por la escasez, donde las carencias afectivas y económicas se entrelazan para formar un entorno lleno de desafíos. La casa en la que crecí, más que un refugio, parecía ser un escenario de sobrevivencia.

Desde muy pequeña, me di cuenta de que en mi familia, el amor no se repartía de manera equitativa. Mi madre, con su mirada siempre distante, mostraba una clara preferencia por mis hermanos. Esa diferencia, tan evidente como dolorosa, me hizo sentir invisible en muchas ocasiones. Mientras ellos recibían la atención y el afecto que tanto anhelaba, yo debía conformarme con las sobras de un cariño que nunca parecía suficiente para mi..

En medio de esa frialdad, encontré un refugio en la persona que más amaba en mi vida: mi abuelita. Ella vivía con nosotros, y su presencia en casa era como un cálido rayo de sol en medio de un invierno interminable. Mi abuelita se convirtió en mi apoyo incondicional, la figura materna que tanto necesitaba. Su amor era diferente, era palpable, y me lo demostraba cada día con pequeños gestos que significan el mundo para mí.

A su lado, me sentí segura, comprendida y amada. Recuerdo cómo me abrazaba cuando sentía que el mundo se me venía encima, cómo me escuchaba con paciencia cuando le contaba mis miedos y mis sueños. Su voz suave y sus palabras sabias eran el consuelo que mi corazón anhelaba. Mi abuelita, con su amor incondicional, llenar esos vacíos en mi.

Mientras mi madre parecía ver en mí algo que la perturbaba, mi abuelita veía en mí a una niña necesitada de cariño y guía. Fue ella quien me enseñó a ser fuerte, a no dejarme vencer por las circunstancias, y a siempre buscar la luz en medio de la oscuridad. Cada consejo suyo era una semilla de esperanza que, con el tiempo, fue germinando.

En aquellos días difíciles, mi abuelita era mi refugio, mi guía y mi mayor inspiración. Aunque la vida me había negado el afecto de mi madre, me sentí bendecida por tener a mi abuelita, quien con su amor incondicional me mostró el verdadero significado de la familia y el apoyo mutuo. Gracias a ella, pude sobrellevar las dificultades de mi niñez con un poco más de fortaleza y fe en el futuro.

Desde muy pequeña, la rutina diaria incluía largas caminatas hacia la escuela, siempre en compañía de mis hermanas. Aquellos trayectos, con los zapatos desgastados y el estómago a medio llenar, se convirtieron en una metáfora de mi vida: avanzar a pesar de las carencias, seguir adelante sin importar los obstáculos. Cada paso que daba en esos caminos polvorientos era un recordatorio de que la educación era mi única vía de escape, mi esperanza para un futuro mejor.

En la escuela, me enfrenté a un nuevo tipo de desafío. Mientras algunos niños llegaban con uniformes impecables y mochilas llenas de útiles escolares, yo me presentaba con lo poco que tenía, pero con una gran sed de aprender. La diferencia entre mi realidad y la de otros niños era evidente, pero eso no me desanimaba; al contrario, me impulsaba a esforzarme más. Sabía que el conocimiento era algo que nadie podría quitarme.

Los días en clase eran largos y a veces abrumadores, pero me sumergía en mis estudios con dedicación. Aunque la pobreza seguía siendo una constante en mi vida, en la escuela encontré algo que me brindaba consuelo: el sentido de pertenencia a un lugar donde todos éramos iguales ante el conocimiento. Los libros se convirtieron en mis compañeros inseparables, y las lecciones que aprendió no solo me enseñaban sobre materias académicas, sino a superar mis temores.

A pesar de los retos, nunca permití que las dificultades económicas definieran quién era o hasta dónde podía llegar. Sabía que mi capacidad para aprender y crecer como persona no dependía de lo que tenía, sino de lo que estaba dispuesta a dar de mí misma. Los años escolares fueron una mezcla de alegrías y frustraciones, pero sobre todo, fueron años que me enseñaron el valor de mi misma.

Aunque la carencia era nuestra compañera diaria, dentro de mí siempre hubo una chispa de esperanza, una pequeña luz que me decía que había algo más allá de lo que mis ojos podían ver. Esa esperanza fue la que me impulsó a seguir adelante.

Capítulo 2: Adolescencia en la Sombra de la Incertidumbre

Mi adolescencia fue un período complejo, una etapa llena de incertidumbre y frustración que reflejaba la turbulencia interna que llevaba conmigo desde la niñez. La transición de la infancia a la juventud no fue fácil; en lugar de encontrar la estabilidad y el apoyo que necesitaba, me encontré navegando sola en un mar de emociones conflictivas.

Conforme fui creciendo, las diferencias entre mi madre y yo se hicieron más notorias. Su rechazo, que había sentido desde niña, se profundizó durante mi adolescencia. Las preguntas que alguna vez fueron susurros en mi mente ahora se convertían en gritos que exigían respuestas. ¿Por qué no podía tener el mismo cariño que mis hermanos? ¿Qué era lo que me hacía diferente?

La relación con mi madre no solo no mejoraba, sino que empeoraba con el tiempo. Sus críticas eran constantes, y su desaprobación, un peso que cargaba cada día. Ya no era solo mi apariencia lo que parecía molestarle, sino mi misma existencia. Intentaba desesperadamente encontrar una manera de acercarme a ella, de ganarme su afecto, pero siempre parecía fallar.

Las emociones de frustración e impotencia que experimentaba en casa se reflejaban en mi interior. Sentía que no encajaba, ni en mi hogar ni en la vida que me rodeaba. Era como si estuviera atrapada entre dos mundos: el de la niña que había sido y el de la mujer que aún no podía ser. La falta de dirección y apoyo hacía que cada día fuera una lucha.

En la escuela, aunque seguía destacándose en lo académico, comenzaba a sentirme desconectada. La seguridad que alguna vez había encontrado en el estudio se tambaleaba ante las presiones emocionales de la adolescencia. La soledad se convirtió en una constante, ya que pocas personas podían comprender las luchas internas que enfrentaba. Mis compañeros vivían sus propias vidas, ajenos al torbellino emocional que me invadía.

Al mismo tiempo, la sensación de incertidumbre sobre mi futuro crecía. No tenía un modelo a seguir en casa, alguien que me guiara o aconsejara sobre lo que debía hacer con mi vida. Todo lo que sabía era que quería algo diferente, algo más allá de las limitaciones que sentía en mi hogar. Pero ese "algo" seguía siendo un enigma, un sueño lejano.

Sin embargo, a pesar de la oscuridad que me rodeaba, algo en mi interior seguía resistiendo. Era una pequeña chispa, una parte de mí que se negaba a rendirse. Aunque a veces sentía que el peso de mis emociones me aplastaba , esa chispa se mantenía viva, recordando que, aunque el camino fuera incierto, aún había algo por luchar.

En medio de este torbellino de emociones, la figura de mi padre se mantuvo en un lugar ambiguo. No era un hombre afectivo, ni alguien que expresara sus sentimientos con facilidad. A menudo, me costaba entenderlo y conectar con él a un nivel emocional. Sin embargo, había una cualidad en él que se destacaba: su sentido de protección hacia mí y mis hermanos.

Mi padre, a su manera, siempre estuvo ahí para nosotros. Aunque no nos ofrecía las palabras de consuelo o los abrazos que tanto necesitaba, sabía que podía contar con él cuando se trataba de nuestra seguridad y bienestar. Era un hombre reservado, que prefería mostrar su amor de forma silenciosa, a través de acciones.

Recuerdo cómo, a pesar de su carácter serio y distante, siempre se aseguraba de que estuviéramos protegidos. En un mundo que a menudo parecía incierto y hostil, mi padre se erigía como una especie de barrera, un escudo que nos mantenía a salvo de los peligros exteriores. Esa protección, aunque a veces pasaba desapercibida, era algo que con el tiempo llegué a valorar profundamente.

No siempre entendí sus métodos ni su aparente frialdad, pero con el tiempo me di cuenta de que, a su manera, él intentaba cumplir con su papel de padre de la mejor forma que sabía. Mientras mi madre parecía ver en mí solo lo que le disgustaba, mi padre, aunque callado y distante, me ofrecía la sensación de seguridad que necesitaba.

Aunque nunca llegamos a tener una relación cercana, ni a compartir momentos de verdadera conexión emocional, su presencia fue un ancla en mi vida. Sabía que, aunque no me lo dijera, él estaba ahí para cuidarme. Esa certeza me ofrecía un alivio.

Capítulo 3: Juventud entre Plantaciones y Desarraigo

Mi juventud se forjó en el crisol de la tierra, bajo el sol implacable de las plantaciones ornamentales. Mientras otros jóvenes descubrían el mundo, yo me sumergiría en un ciclo de trabajo arduo y constante. Las plantaciones se convirtieron en mi realidad diaria, un lugar donde la fatiga era mi compañera y la perseverancia, mi única aliada.

Las largas jornadas de trabajo no permitían descanso ni distracción. Desde el amanecer hasta el anochecer, cada día era un desafío físico y mental. El trabajo en las plantaciones requería precisión y fuerza, desde sembrar las plantas hasta mantenerlas en óptimas condiciones. Había que regarlas, podarlas, asegurarse de que crecieran sanas y fuertes. Todo esto en un entorno que no permitía errores, donde cada paso en falso podría significar la pérdida de semanas de trabajo.

El contacto constante con la tierra me enseñó a valorar el esfuerzo manual y la importancia de cada pequeño detalle. Sabía que, aunque mis manos se llenaron de callos y mi cuerpo se agotara al final del día, ese trabajo era necesario para mantener a mi familia a flote. Pero aunque me entregaba con dedicación a las tareas del campo, la inestabilidad en mi hogar seguía pesando sobre mí como una sombra ineludible.

Mi hogar, lejos de ser un refugio, era un lugar marcado por tensiones y desarraigo. Las diferencias con mi madre, que ya se habían hecho evidentes en mi niñez, se agudizaron con el paso del tiempo. Sus críticas y desaprobaciones eran constantes, y la sensación de no pertenecer a ese espacio que se suponía debía ser seguro se regresara cada vez más intensa. Cada día, al regresar de las plantaciones, sabía que no encontraría consuelo ni apoyo, sino una atmósfera tensa.

A medida que estas tensiones en mi hogar aumentaban, también crecía mi deseo de escapar. En ese ambiente de presión constante, comenzó a gestarse en mí la idea de que el matrimonio podría ser la salida que tanto anhelaba. Mi madre, consciente de mi deseo de independencia, no tardó en aprovechar esa situación para empujarme hacia una decisión apresurada. Sus constantes insinuaciones y presiones sobre la conveniencia de casarme se convirtieron en una fuerza imparable.

Y así, a los 19 años, tomé una decisión que, en el fondo, sabía que no era la correcta. Impulsada por la necesidad de escapar del entorno opresivo de mi hogar, acepté un matrimonio que estaba lejos de ser lo que realmente deseaba. En mi juventud e inexperiencia, veía en el matrimonio una promesa de libertad, un camino hacia un futuro donde podría encontrar paz y estabilidad. Pero la realidad era otra.

Lejos de ser un refugio, el matrimonio se convirtió en una nueva prisión. Los problemas que había dejado atrás en mi casa paterna no desaparecieron; simplemente se transformaron en otros de diferente naturaleza, pero iguales de agobiantes. Las tensiones con mi esposo, la falta de comprensión mutua y las expectativas no cumplidas crearon un entorno en el que la felicidad se regresó a un objetivo.

Mi decisión de casarme, motivada por el deseo de huir de las presiones de mi madre, se convirtió en una experiencia amarga que dejó profundas cicatrices. Comprendí, aunque demasiado tarde, que había huido de un problema solo para encontrarme con otro, y que las decisiones tomadas desde el miedo rara vez conducen a un buen puerto. Aquel matrimonio fue una prueba más de mi capacidad para resistir y superar las adversidades, aunque me costó.

Capítulo 4: El Refugio en la Maternidad

A los 20 años, en medio de un matrimonio que había resultado ser una carga más que una liberación, la vida me sorprendió con un regalo inesperado y maravilloso: me convertí en madre de una preciosa niña. Desde el primer momento en que la sostuve en mis brazos, sentí que algo profundo y transformador había ocurrido en mi vida. Esa pequeña criatura, tan frágil y a la vez tan llena de vida, se convirtió en mi refugio, en la luz que iluminó mi camino en medio de los oscuros días que seguían.

La llegada de mi hija marcó un antes y un después. En un entorno donde la felicidad parecía esquiva y los días se sucedían entre conflictos y desencantos, ella trajo consigo una sensación de propósito y alegría que no había experimentado hasta entonces. Su presencia me llenó de una fuerza nueva, un impulso vital que me permitió enfrentar las dificultades con determinación.

Sin embargo, la felicidad que me inundaba no era compartida por todos. El padre de mi hija, lejos de experimentar la misma alegría, mostró una reacción que me dejó helada. Desde el principio, él había anhelado un varón, alguien que, según sus expectativas, pudiera seguir sus pasos y cumplir con ciertas expectativas culturales que pesaban sobre él. Cuando nació nuestra hija, en lugar de sentir el orgullo y el amor que esperaba, lo único que mostró fue un profundo rechazo hacia ella.

A pesar de la decepción de su padre y la indiferencia que mostraba hacia nuestra hija, la vida seguía su curso. Mi amor por ella era tan fuerte que me mantenía firme en mi compromiso de ser la mejor madre posible, brindándole todo el cariño y cuidado que necesitaba.

Con el paso del tiempo, me di cuenta de que mi hija no solo era un refugio para mí, sino también una fuente inagotable de fortaleza. Sus pequeños avances, sus primeras palabras, sus risas contagiosas, todo eso llenaba mi vida de momentos de alegría pura, de esas que iluminan hasta los días más oscuros. Verla crecer me recordaba constantemente que, a pesar de los desafíos, valía la pena seguir adelante.

Sin embargo, la situación en casa no mejoraba. La falta de apoyo emocional por parte de su padre hacía que la carga sobre mis hombros fuera cada vez más pesada. Aunque él cumplió con sus responsabilidades básicas, su distancia emocional y su falta de interés en formar un vínculo con nuestra hija se sintió como una herida abierta, una que no terminaba de sanar. Yo, por mi parte, trataba de compensar esa ausencia con doble dosis de amor y dedicación, asegurándome de que mi hija nunca sintiera el rechazo de su padre.

A pesar de las dificultades y la tensión constante en mi matrimonio, la vida me brindó una nueva alegría: el nacimiento de mi segundo hijo. Este hermoso y travieso niño llegó a nuestras vidas como una bendición inesperada, trayendo consigo un soplo de aire fresco y una felicidad que tanto necesita.

Desde el momento en que lo sostuve por primera vez, sentí que mi corazón se expandía aún más. Era increíble cómo el amor podía multiplicarse, cómo en medio de tantas dificultades podía surgir un nuevo rayo de luz. Mi pequeño hijo, con su energía y vitalidad, llenó nuestro hogar de risas y momentos de ternura que lograron suavizar, aunque fuera un poco, el ambiente tenso que a diferencia de lo que había ocurrido con mi hija, esta vez su padre mostró un poco más de interés. Quizás la idea de tener un varón le resultaba más cercana a sus expectativas. Sin embargo, esa diferencia no cambió el hecho de que la mayor parte de la responsabilidad sigue recayendo sobre mis hombros. Yo me aseguré de ser la figura constante en la vida de mis hijos, brindándoles el amor y la atención que merecían.

Mi segundo hijo trajo consigo una alegría especial, un dinamismo que contrastaba con la seriedad que se respiraba en nuestra casa. Ver a mis dos hijos interactuar, descubrir el mundo juntos, me daba fuerzas para seguir adelante, a pesar de las dificultades. Sus juegos y risas llenaban de vida los rincones que antes parecían sombríos. Con él, sentí que tenía una nueva oportunidad para crear un hogar lleno de amor y felicidad, aunque la realidad fuera otra.

Ser madre de dos pequeños me exigía más, pero también me daba más. En esos días, mi vida giraba en torno a ellos, a sus necesidades y a sus pequeños logros. Cualquier cansancio o frustración quedaba relegado al verlos sonreír, al sentir sus abrazos, al ver cómo crecían y se desarrollaban a pesar de todo. Sabía que tenía que ser fuerte, que debía seguir luchando por ellos, por el hogar que merecían, aunque las circunstancias no fueran las ideales.

Con la llegada de mi segundo hijo, mi sentido del propósito se fortaleció aún más. Si bien mi matrimonio seguía siendo una fuente de tensión y desilusión, la presencia de mis hijos me daba la energía para seguir adelante, para buscar maneras de crear un ambiente donde pudieran sentirse amados y seguros. A través de ellos, encontré la motivación para afrontar cada día con determinación, sabiendo que mi amor por ellos era más poderoso que cualquier adversidad.

Capítulo 5: La Prueba de la Resiliencia

El nacimiento de mi tercer hijo fue un momento que cambió mi vida de maneras que nunca podría haber anticipado. Estaba llena de esperanza y amor cuando lo tuve en mis brazos por primera vez, pero muy pronto supe que su llegada no iba a ser sencilla. Mi pequeño nació con una enfermedad congénita llamada atresia de esófago, una condición que implicaba que su esófago no estaba conectado correctamente a su estómago, impidiéndole alimentarse normalmente.

Desde el segundo día de vida, comenzó un largo y arduo camino de desafíos. Mi corazón se quebró cuando los médicos me explicaron la gravedad de su condición y la serie de procedimientos quirúrgicos que serían necesarios para corregirla. Apenas unas horas después de nacer, mi hijo fue llevado a un hospital especializado, donde comenzó una lucha.

La palabra "resiliencia" cobró un nuevo significado para mí en esos momentos. Cada día era una batalla, una prueba constante de mi fortaleza como madre y de la capacidad de mi hijo para resistir. Durante los primeros nueve años de su vida, mi pequeño guerrero pasó por 24 cirugías. Cada una de ellas era un reto no solo para él, sino también para mí, ya que enfrentaba el dolor de verlo sufrir, la incertidumbre de los resultados y el desgaste emocional de permanecer fuerte por él y por mí.

El hospital se convirtió en nuestro segundo hogar. Las visitas constantes, las largas noches en vela, las horas esperando fuera del quirófano... Todo eso se volvió parte de nuestra rutina. Había momentos en los que me sentía abrumada, en los que el peso de la situación parecía demasiado grande para soportarlo, pero cada vez que miraba a mi hijo, encontraba la fuerza para seguir adelante. Él era un luchador, y su valentía me inspiraba a ser fuerte.

La separación de mis otros hijos durante esos años fue otro dolor con el que tuve que lidiar. Eran aún pequeños y necesitaban a su madre, pero las circunstancias me obligaron a confiar en la abuela paterna y en una amiga, quienes cuidaron de ellos con todo el amor del mundo. A pesar de la distancia, siempre traté de mantenerme presente en sus vidas, de hacerles saber que, aunque no podía estar básicamente con ellos todo el tiempo, mi amor por ellos no había disminuido.

Durante esos años, me aferré a la fe ya la esperanza. Cada cirugía exitosa, cada pequeño avance, era un motivo para agradecer y seguir adelante. A través de este proceso, aprendí que la vida nos pone a prueba de maneras que nunca imaginamos, pero también descubrí que, incluso en los momentos más oscuros, siempre hay una luz, una razón para seguir luchando.

El camino fue largo y difícil, pero nunca estuve sola. Conté con el apoyo de personas increíbles que me ayudaron a sobrellevar el peso de la situación. Y, sobre todo, conté con la fortaleza y la determinación de mi hijo, que me enseñó lo que significa ser verdaderamente resiliente. Hoy, mirando hacia atrás, doy gracias a Dios por ese proceso que nos hizo más fuertes, y por haberme permitido ser testigo de la increíble lucha de mi hijo, quien superó cada obstáculo con una valentía que no hizo más fuertes.

Los años pasaron, pero la batalla no terminaba. Mi hijo seguía su vida entre la casa y el hospital, bajo estrictos controles médicos. Cada día era una prueba de resistencia, no solo para él, sino para toda la familia. No fue fácil enfrentar cada desafío que se presentaba. El cansancio físico y emocional se acumulaba, y, aunque intentaba mantener una fachada de fortaleza, había momentos en los que sentía que no podía más.

Mis otros hijos, tan pequeños y llenos de vida, estaban al cuidado de su abuela. Ella se convirtió en su refugio y en mi mayor aliada durante esos años difíciles. A pesar de la distancia física y emocional que muchas veces se interponía entre nosotros, hacía todo lo posible por mantenerme cerca de ellos. Pero había días en los que la realidad se hacía más dura: a veces no teníamos dinero ni siquiera para una comida, y en esos momentos, la sensación de estar sola en la lucha se intensificaba. El resto de la familia parecía estar tan lejos, y ese aislamiento pesaba sobre mí como una carga difícil de llevar.

Capítulo 6: La Calma Antes de la Tormenta

Después de años de vivir al filo, con el corazón en la mano en cada visita al hospital, la vida finalmente comenzaba a recuperar una apariencia de normalidad. Los tratamientos médicos se hicieron menos frecuentes, y las constantes idas y venidas al hospital empezaron a menguar. Podía ver a mi hijo mejorar, su salud se estabilizaba, y con ello, un rayo de esperanza iluminaba nuestros días.

Pero mientras la situación médica mejoraba, la tormenta en mi vida personal se intensificaba. Lo que parecía ser un respiro en la lucha, resultó ser solo el preludio de un nuevo desafío. Mi matrimonio, que había sido una montaña rusa de emociones, terminó por derrumbarse. Las tensiones y las heridas acumuladas durante esos años de pruebas constantes hicieron que lo que alguna vez fue un hogar se convirtiera en un campo de batalla. La separación llegó, trayendo consigo un dolor diferente, uno que no se curaba con medicina.

A medida que mi matrimonio se desmoronaba, encontré consuelo en el amor incondicional de mis hijos. Para este tiempo, dos niños más habían llegado a mi hogar, pequeños que, sin llevar mi sangre, se convirtieron en hijos de mi corazón. Así, mis cinco hijos se convirtieron en mi fuerza, en el pilar que me sostuvo cuando todo lo demás parecía desmoronarse.

Cada uno de ellos, con su amor y su presencia, fue una luz en medio de la oscuridad. Me ayudaron a recordar por qué debía seguir adelante, por qué, a pesar de los golpes de la vida, debía mantenerme firme. Su apoyo incondicional me dio la energía que necesitaba para enfrentar la separación y comenzar a construir un nuevo futuro para nosotros.

Con cinco hijos bajo mi cuidado, cada día era un nuevo reto, pero también una nueva oportunidad para demostrarme a mí misma que podía superar cualquier obstáculo. Nos convertimos en un equipo, enfrentando juntos cada dificultad, apoyándonos mutuamente en los momentos más oscuros. Ellos, con su amor incondicional, fueron mi refugio y mi fuerza cuando sentía que no tenía más para dar.

No fue fácil, pero en esa adversidad encontramos una unión y una fuerza que nunca antes habíamos conocido. Cada risa compartida, cada momento de consuelo, reforzaba nuestro vínculo. Nos apoyábamos unos a otros en los días difíciles, y celebrábamos juntos los pequeños triunfos que llegaban.

En medio de la tormenta, ellos se convirtieron en mi razón para seguir luchando. Sus sonrisas, su amor y su inquebrantable apoyo me recordaban que, a pesar de todo, aún había mucho por lo que luchar y soñar. Juntos, comenzamos a construir una nueva vida, más fuerte y más unida que nunca.

Con el paso del tiempo, vi cómo mis hijos crecían y se convertían en adultos. Los tres mayores, en especial, se transformaron en jóvenes fuertes y decididos, llevando consigo los valores que habíamos construido juntos en medio de tantas pruebas. Compartíamos el mismo amor profundo por la familia, una fe inquebrantable que nos había sostenido en los momentos más difíciles, y unos ideales que nos guiaban en cada paso.

Nuestra relación, lejos de debilitarse con el tiempo, se fortaleció aún más. El amor que nos unía, nacido de las dificultades y las alegrías compartidas, era ahora un lazo irrompible. Nos apoyábamos mutuamente, compartiendo sueños y metas, sabiendo que, sin importar lo que el futuro nos deparara, siempre contaríamos los unos con los otros.

Capítulo 7: La Revelación Inesperada

Un día, mientras me encontraba en medio de las tareas diarias, el teléfono sonó inesperadamente. Al otro lado de la línea, la voz de mi madre me tomó por sorpresa. No solíamos hablar con frecuencia, así que su llamada despertó mi curiosidad. Con tono serio, me dijo que un antiguo amigo de la familia deseaba vernos a todos. Su insistencia en que yo debía estar presente me dejó intrigada. No sabía qué esperar de ese encuentro, pero algo en su voz me decía que este encuentro cambiaría el curso de mi vida.

Mi mente comenzó a dar vueltas mientras trataba de recordar quién podría ser ese amigo del que hablaba mi madre. ¿Por qué era tan importante que yo estuviera ahí? A pesar de la incertidumbre, decidí asistir al encuentro, impulsada por la intuición de que algo significativo estaba por suceder.

El día del encuentro llegó, y mientras me dirigía al lugar acordado, no pude evitar sentir una mezcla de nervios y curiosidad. Al llegar, me encontré con caras familiares y otras que no reconocía de inmediato. Pero cuando nuestros ojos se cruzaron, supe de inmediato quién era esa persona que había pedido verme. Habían pasado muchos años, pero su presencia seguía teniendo un impacto en mí.

El encuentro fue ameno, aunque no exento de cierta tensión. Nos reunimos todos alrededor de la mesa, compartiendo recuerdos y risas, pero había algo en el ambiente que no lograba descifrar. Mis hermanos y hermanas lanzaban miradas sospechosas, igual de confundidos que yo, sin entender realmente cuál era el propósito de esa reunión.

Cada vez que intentaba leer las señales, me encontraba con sonrisas y conversaciones triviales, pero debajo de todo eso había una sensación de que algo importante estaba por revelarse. El misterio que envolvía ese encuentro nos mantenía a todos en vilo, y aunque tratábamos de disfrutar del momento, no podíamos evitar preguntarnos qué nos deparaba el resto del día.

Después de la reunión convocada por mi madre, un encuentro que dejó en el aire más preguntas que respuestas, de regreso a casa con el corazón cargado. Había algo en la atmósfera de esa reunión, algo que me inquietaba profundamente, aunque no lograba identificar exactamente qué era. A lo largo del trayecto de regreso, mi mente no dejaba de dar vueltas a las palabras que se habían dicho, a las miradas que se habían cruzado, y a ese inexplicable vacío que rodeaba mi mente.

Una vez en casa, trate de sumergirme en la rutina diaria, buscando en las tareas cotidianas un escape de los pensamientos que se agolpaban en mi mente. Pero la inquietud persistía, como una sombra que se negaba a desaparecer. Aquella noche fue larga y difícil, con mi mente explorando cada rincón de mis recuerdos, buscando sentido en lo que había vivido.

Al día siguiente, mientras me preparaba para llevar a mi hijo a una cita médica, sonó el teléfono. Al ver que era mi madre, sentí un escalofrío recorrer mi cuerpo. Quizás era la fatiga acumulada o simplemente una intuición, pero algo dentro de mí me advirtió que esa llamada cambiaría mi vida para siempre.

Respondí, intentando mantener la calma. Pero lo que escuché a continuación fue como un golpe directo al corazón. Mi madre, con una frialdad que jamás olvidaré, me confirmó lo que durante tanto tiempo había sospechado: aquel hombre, ese "amigo" que había sido un extraño para mí toda mi vida, era en realidad mi padre biológico.

Mientras aún procesaba la impactante revelación de que aquel hombre, hasta entonces un extraño para mí, era en realidad mi padre biológico, mi madre continuaba hablando. Su voz, distante y carente de cualquier rastro de compasión, me lanzó una segunda puñalada. Con una frialdad que me heló la sangre, me dijo que hubiera preferido mi muerte antes de que yo supiera esa verdad.

Cada sílaba resonó en mi mente, incrustándose en lo más profundo de mi ser. De repente, todo cobró sentido. El rechazo, la indiferencia, la frialdad con la que me había tratado toda mi vida. Era la quinta hija de su matrimonio, pero no era hija de su esposo, y eso había marcado mi destino desde el principio. Mi apariencia física, que tanto la ofendía, era el reflejo de un pasado que ella había querido enterrar, y yo era la prueba viviente de ese secreto.

Después de esa llamada, me quedé sentada en silencio, el teléfono aún en mi mano, como si no pudiera soltarlo. Las palabras de mi madre resonaban en mi mente, una y otra vez, como un eco interminable que se negaba a desaparecer. Sentía una mezcla de incredulidad, dolor y una profunda tristeza.

¿Cómo podía una madre desear la muerte de su propia hija? Esa pregunta giraba en mi mente, buscando una respuesta que sabía que nunca encontraría. Todo lo que había sospechado, todo lo que había sentido, ahora estaba confirmado de la manera más brutal posible. Ya no era solo el rechazo lo que me hería, sino la certeza de mi existencia misma.

Intenté seguir adelante con mi día, pero cada tarea, cada movimiento, se sentía mecánico, como si mi cuerpo funcionara por inercia mientras mi mente estaba atrapada en un ciclo de dolor y confusión. Mis hijos, ajenos a la tormenta que se desataba en mi interior, me miraban con preocupación, pero yo no podía mostrarles lo que realmente estaba pasando. Necesitaba ser fuerte.

En los días que siguieron, reflexioné mucho sobre lo que había descubierto. Recordé cada mirada, cada gesto de mi madre, y todo empezó a encajar. Pero, en lugar de dejarme consumir por el dolor y el resentimiento, decidí enfocarme en lo que realmente importaba: mis hijos, mi familia, y la vida que había construido con tanto esfuerzo.

Esa revelación marcó un antes y un después en mi vida. Me obligó a replantearme quién era yo y a comprender que mi valor no dependía de la aceptación o el amor de mi madre, sino de la persona en la que me había convertido a pesar de todo.

Capítulo 8: Perdón y Reconciliación

El tiempo, ese sanador silencioso, finalmente trajo consigo la posibilidad de lo que durante muchos años había parecido imposible: e l perdón. Mi relación con mi madre había sido una constante fuente de dolor, incomprensión y distancia. A lo largo de mi vida, llevé sobre mis hombros el peso del rechazo y el resentimiento, heridas que parecían demasiado profundas para sanar. Sin embargo, como en tantas otras ocasiones, la vida me enseñó que el poder del amor y la fe puede superar incluso las más oscuras sombras.

Con el paso de los años, mi madre envejeció, y con ello, su fortaleza comenzó a menguar. Fue en ese ocaso de su vida que los muros que habíamos construido entre nosotras empezaron a desmoronarse. Su enfermedad la debilitaba día a día, y con la fragilidad de su cuerpo también se desvanecieron muchas de las barreras que habían mantenido nuestros corazones separados.

No fue fácil para mí acercarme a ella de nuevo. Las cicatrices de tantas heridas aún dolían, y el orgullo, ese obstáculo invisible pero poderoso, intentaba mantenerme alejada. Pero algo dentro de mí, quizá el amor incondicional de una hija, me impulsó a dar el primer paso. Sabía que, si no lo hacía, el arrepentimiento me perseguiría por el resto de mis días.

Comencé visitándola en su hogar, ahora mucho más callado y sombrío de lo que recordaba. Al principio, nuestras conversaciones eran breves y superficiales, como si ambas temiésemos reabrir viejas heridas. Pero, con el tiempo, esas charlas se fueron alargando, y poco a poco, las palabras que antes no podían ser dichas comenzaron a encontrar su camino.

Hubo momentos en los que el silencio entre nosotras hablaba más que cualquier palabra. Recuerdo una tarde, cuando el sol se filtraba suavemente por la ventana de su habitación, que mi madre, con voz temblorosa, me tomó de la mano y me pidió perdón. Fue un instante que jamás olvidaré, una mezcla de sorpresa y alivio que inundó mi ser. Sus palabras, aunque sencillas, llevaban el peso de toda una vida de arrepentimiento y dolor. En ese momento, supe que el perdón era no sólo posible, sino necesario.

Perdonarla no fue un acto instantáneo; fue un proceso que requirió tiempo, reflexión y, sobre todo, fe. Pero, al final, entendí que el perdón no era solo para ella, sino también para mí. Al soltar el rencor que había acumulado durante tantos años, sentí como si una pesada carga se levantara de mi alma, permitiéndole finalmente avanzar y encontrar paz.

Con el perdón vino la reconciliación, una especie de redención mutua que nos permitió compartir los últimos días de su vida en armonía. Durante esos momentos, descubrí una faceta de mi madre que nunca antes había visto: una mujer vulnerable, asustada y arrepentida, que en el ocaso de su vida solo quería encontrar paz. Nos reconciliamos no solo como madre e hija, sino como dos seres humanos que habían cometido errores, pero que, al final, buscaban la redención a través del amor.

Cuando mi madre finalmente partió, lo hizo con la tranquilidad de haber encontrado el perdón y el amor que tanto necesitaba. Y yo, aunque con el corazón dolorido por su partida, me sentí en paz, sabiendo que habíamos cerrado ese capítulo de nuestras vidas con amor y comprensión.

Después del deceso de mi madre, el silencio llenó la casa. Los días pasaban con una calma inusual, casi como si el mundo estuviera en pausa, permitiéndome procesar todo lo que había sucedido. A pesar de la paz que había encontrado a través de la reconciliación con mi madre, había una pregunta que aún pesaba en mi corazón. Quería entender, quería saber si aquel hombre que me había criado, al que siempre llamé "padre", conocía la verdad sobre mi origen y cómo se sentía al respecto.

Me acerqué a él con una mezcla de miedo y esperanza. Aunque sabía que me había querido y cuidado durante toda mi vida, la incertidumbre sobre sus verdaderos sentimientos hacia mí me carcomía por dentro. ¿Sabía él todo este tiempo que no era su hija biológica? Y si lo sabía, ¿qué pensaba de mí? Estas preguntas me atormentaban, y sabía que debía enfrentarlas.

Un día, mientras nos sentábamos juntos en la sala, decidí reunir el valor para hablar con él. Mis palabras fueron vacilantes al principio, pero la necesidad de conocer la verdad me impulsó a seguir adelante. Le pregunté, con el corazón en la mano, si sabía sobre la historia de mi verdadero origen, sobre la identidad de mi padre biológico, y cómo se sentía al respecto.

Su respuesta fue un momento de profunda revelación para mí. Con una suavidad y un amor que siempre habían caracterizado su forma de ser, me confesó que lo sabía todo. Sabía desde hacía mucho tiempo que no era mi padre biológico, pero decidió nunca decírmelo. Me dijo que, para él, yo siempre había sido su hija, desde el momento en que me tomó en sus brazos por primera vez. No quería lastimarme, no quería que cargara con el peso de esa verdad. Su amor por mí era incondicional, y la biología no cambiaba eso.

Me confesó que durante todos esos años, había luchado con su propio dolor y su propia incertidumbre, pero que su mayor preocupación siempre había sido mi bienestar. Me amaba como a sus otros hijos, y no quería que esa verdad alterara el amor y la confianza que habíamos construido. Al escuchar esas palabras, sentí una oleada de alivio y gratitud. Su amor por mí había sido constante, sólido, una roca en la que podía apoyarme, incluso cuando el mundo parecía desmoronarse.

Ese día, comprendí que el amor verdadero trasciende la sangre, y que mi padre de crianza había sido un ejemplo vivo de ello. Me había amado, protegido y cuidado, no por obligación, sino por elección. Su confesión no sólo me dio paz, sino que también reforzó el lazo que siempre habíamos compartido.

Desde ese momento, nuestro vínculo se hizo aún más fuerte. Ya no había secretos entre nosotros, solo un amor puro y sincero, libre de las sombras del pasado. Él continuó siendo mi padre, no solo en nombre, sino en espíritu, y el respeto y la admiración que sentía por él crecieron aún más.

Capítulo 9: Nuevos Comienzos y Bendiciones

Los años pasaron rápidamente, y antes de que me diera cuenta, mis hijos habían dejado de ser aquellos niños que corrían por la casa, para convertirse en adultos responsables y decididos a forjar su propio camino en el mundo. Cada uno, con sus talentos y sueños, encontró su lugar en la vida, y con ello, mi corazón se llenó de orgullo y satisfacción.

Verlos alcanzar sus metas, graduarse, y convertirse en profesionales fue una de las mayores recompensas de mi vida. Cada uno de ellos había enfrentado sus propios desafíos, pero con esfuerzo, dedicación y fe, lograron superar cada obstáculo. Como madre, no había mayor alegría que verlos realizados, sabiendo que todo el sacrificio, todo el amor, había valido la pena.

Con el tiempo, la vida se volvió más ligera para mí. Ya no estaba sola en la batalla diaria; mis hijos, ahora adultos, se convirtieron en mis compañeros, mis confidentes, y mis mayores apoyos. Las preocupaciones que antes parecían insuperables comenzaron a disiparse, y una nueva paz empezó a instalarse en mi corazón. La casa, aunque más tranquila, seguía llena de amor, risas y recuerdos compartidos.

Fue en este tiempo de relativa calma que Dios, en su infinita bondad, me bendijo con la llegada de un gran hombre a mi vida. Había pasado tanto tiempo sin pensar en el amor, enfocada únicamente en mis hijos y en sobrevivir a los desafíos de la vida, que su aparición fue una sorpresa maravillosa.

Este hombre, con su bondad, sabiduría y fe inquebrantable, trajo una nueva luz a mi vida. No solo me mostró un amor puro y sincero, sino que también se convirtió en un compañero de vida, alguien con quien podía compartir mis alegrías y mis penas, mis triunfos y mis miedos. Con él, la vida adquirió un nuevo significado, lleno de esperanza y renovación.

Nuestra relación no fue solo una bendición para mí, sino también para mis hijos, quienes lo recibieron con los brazos abiertos, reconociendo en él el hombre íntegro y amoroso que es. Juntos, comenzamos a construir un nuevo capítulo de nuestras vidas, uno donde la fe y el amor eran los pilares fundamentales.

Dios me había bendecido con la familia que siempre soñé, con hijos maravillosos y ahora, con este hombre que se convirtió en mi compañero de vida. A través de todas las pruebas y tribulaciones, había llegado a un lugar de paz y felicidad, donde el pasado ya no pesaba tanto y el futuro se presentaba lleno de promesas.

Pero Dios tenía más bendiciones preparadas para mí. Mi amado esposo no llegó solo; trajo consigo dos hermosos niños, que nuevamente me convirtieron en mamá del corazón. Estos pequeños, con su energía y alegría, llenaron nuestro hogar de nuevas risas y amor. A través de ellos, experimenté la maravillosa experiencia de la maternidad nuevamente, y el amor en nuestro hogar se multiplicó.

Ahora, me encuentro siendo madre de siete hijos, cada uno con su propia historia, pero todos unidos por el mismo lazo de amor y familia. Nuestra familia, que comenzó con dolor y desafíos, se ha unificado en una sola, fuerte y llena de fe. El hogar que construimos juntos es un testimonio del poder del amor, la resiliencia y la gracia divina.

Como esposa feliz y madre de esta hermosa familia, miró hacia atrás con gratitud por cada paso del camino. Dios no solo me dio la fuerza para superar las pruebas, sino que también me recompensó con una vida llena de amor, felicidad y unidad. Hoy, mi hogar es un lugar donde cada miembro se siente amado, respetado y valorado, y donde cada día es una bendición que celebró con el corazón lleno de gratitud.

Las bendiciones de la vida se hacen aún más evidentes cuando visitamos a nuestros hijos mayores en sus propias casas. Es una alegría infinita ver cómo han creado sus propios hogares, llenos de amor, calidez y los valores que les inculcamos desde pequeños. Cada visita es un reencuentro lleno de risas, historias compartidas y la satisfacción de verlos realizados, no solo profesionalmente, sino también como personas.

Al entrar en sus hogares, siento un profundo orgullo al ver cómo cada uno de ellos ha construido su vida. Sus casas están llenas de recuerdos, de pequeños detalles que reflejan su personalidad y sus sueños. Es como si cada uno hubiera tomado un pedacito de nuestro hogar y lo hubiera hecho suyo, adaptándolo a su propia visión del mundo.

El tiempo que pasamos juntos es invaluable. Nos sentamos alrededor de la mesa, compartiendo comidas que ellos mismos preparan con cariño, y hablamos durante horas, recordando el pasado y planeando el futuro. Verlos felices, rodeados de sus propias familias y amigos, es la mayor recompensa que una madre puede pedir.

Estos momentos de reunión refuerzan el lazo que nos une como familia. Aunque nuestras vidas han tomado caminos distintos, el amor y la conexión entre nosotros se mantienen tan fuertes como siempre. Cada visita es un recordatorio de que, sin importar cuán lejos estemos físicamente, siempre estamos juntos en espíritu.

Al despedirnos, siempre llevo conmigo un sentimiento de plenitud y agradecimiento. Saber que nuestros hijos han encontrado su camino y están viviendo vidas plenas y felices me da una paz indescriptible. Ellos son la prueba viviente de que, a pesar de todas las dificultades, el amor y la fe siempre prevalecen.

Y así, cada vez que regresamos a casa después de una visita, mi corazón se siente más ligero, lleno de la alegría que solo una madre puede sentir al ver a sus hijos prosperar. Nuestro hogar sigue siendo un lugar de encuentro, donde siempre serán bienvenidos, pero saber que ellos también tienen sus propios refugios, llenos de amor, me llena de una felicidad que no tiene límites.

"Alma Resiliente" es la autobiografía de Gloria, quien narra su vida marcada por desafíos desde la niñez, donde enfrenta la falta de afecto materno y el rechazo debido a su apariencia física. En su adolescencia, la tensión con su madre la lleva a casarse joven, buscando escapar de la inestabilidad familiar.

Como madre, Gloria encuentra refugio en sus hijos, especialmente en su primera hija, a pesar de las dificultades con su esposo. Su tercer hijo, nacido con una enfermedad congénita, enfrenta múltiples cirugías, lo que pone a prueba su resiliencia.

Con el tiempo, la vida de Gloria comienza a estabilizarse, pero su matrimonio se desmorona, y nuevos hijos del corazón llegan a su vida. Una revelación dolorosa sobre su padre biológico explica el rechazo materno, pero Gloria encuentra el poder del perdón y la reconciliación con sus padres en sus últimos años.

Finalmente, Gloria es bendecida con un nuevo amor y se convierte en madre de una familia unificada de 7 hijos. Hoy, disfruta de la paz y alegría que le brinda su familia y su fe.

FIN-

Made in the USA
Middletown, DE
24 November 2024